AF471747

Eine friedliche Männlichkeit leben

Briefe an Häftlinge und Haftentlassene

von Peter Redvoort

http://redvoort.wordpress.com

http://maennergedichte.blogspot.com .

Published 2009 by LULU.com

ISBN Nr. 978-1-4452-5164-6

LIEBER LESER,

was hat Kriminalität mit dem Mann-Sein zu tun? Recht viel, meine ich.

Es gibt Männlichkeitsideale, die einem Mann einflüstern: „Das darfst du dir nicht gefallen lassen!“ , oder „Jetzt musst du Stärke zeigen!“ oder: „Du musst beweisen, dass du erfolgreich bist!“.

Oft unbewusst passieren dann kriminelle Handlungen, die nicht passiert wären, wenn man ausführlich über seine „Lebensphilosophie“ als Mann nachgedacht hätte – und darüber, was davon einem „eingeredet“ wurde (und was man ursprünglich selbst gar nicht wollte).

In diesem Buch geht es darum, über diese Zusammenhänge nachzudenken.

Jeder macht einmal Fehler – aber ich bin der festen Überzeugung, dass man nach einem intensiven Nachdenkprozess viele Fehler in seinem weiteren Leben nicht mehr wiederholt.

Zeit zum Lesen und zum Nachdenken hasben Sie ja derzeit – ich würde mich freuen, wenn Sie sie auch mit diesen Texten nützen.

Peter Redvoort

WENN DU WÜTEND WIRST

Wenn du wieder in Freiheit sein wirst,
mit den besten Absichten
alte Fehler nicht mehr zu wiederholen
könnte es brenzlig werden
wenn du wütend wirst.

Denn Männer zerschlagen manchmal etwas
wenn sie wütend sind.
Oder sie gehen auf jemanden anderen los.

Doch das ist kein Naturgesetz
und es gibt keinen Wiederholungszwang
wenn du dir - immer und immer wieder -
in Gedanken diese Situationen durchdenkst,
in denen du in der Vergangenheit so wütend geworden bist
und dir Pläne zurechtlegst,
wie du friedlich aus diesen Situationen aussteigen wirst.

Oft kann man ganz einfach weggehen.
Manchmal muss man laufen
(auch um die innere Unruhe wieder loszuwerden).
Und manchmal sollte man sich gar nicht mehr
in eine solche altbekannte Situation hineinbegeben.

Immer jedoch muss dieses rote STOP Signal
in deinem Kopf aufleuchten, das dir ganz deutlich sagt:

"Jetzt ist dieser Moment da
für den ich mir vorgenommen habe, auszusteigen!“

WIE LANG IST DAS HER?

Wie lang ist das her
dass dir jemand gesagt hat
Du musst stark sein!

Und:
Wer hat es dir gesagt?
Oder hast du es in einem Film gesehen ?
Oder hast du dich verteidigen müssen?

Und:
Wie alt warst du damals?

Und:
Was passierte davor
Wie warst du davor?

REICH SEIN

Steckt hinter dem Satz
„Ich will reich sein"

nicht manchmal auch der Satz
„Ich werde es euch zeigen!"

oder:
„Ich will auch bewundert werden!"

was soviel heißen könnte wie
„Ich will geliebt werden"

Aber kann man Liebe kaufen?

DIESE FRAU

Diese Frau sah so gut aus, sie war so hübsch und sexy!
Und du hast dich in sie verliebt.

Aber es wurde nichts daraus.

Und du hattest den Satz in Dir:
„Sie macht sich nichts aus meiner Liebe!"

Aber ist das schon Liebe, wenn man jemanden begehrt?

Und kann ein Mann aus seinem Begehren
irgendwelche Ansprüche ableiten?

Hat er, bloß weil er sich etwas wünscht,
bereits irgendwelche Rechte am Objekt der Begierde?

Wenn dir eine Frau nachläuft, die du unattraktiv findest,
und sie immer mehr Druck macht, dich zu treffen,
und sie dir dann irgendwann die Wohnung anzündet
mit der Erklärung:
„Ich liebe dich doch so! – Und du willst mich nie treffen!"

Hat diese Frau recht?

ALTE FREUNDE

Wenn du wieder draußen bist,
wirst du vielleicht deine alten Freunde wiedersehen.

Freundschaft ist etwas schönes,
wenn man sich gegenseitig unterstützt
und zuhört.

Aber:
Haben deine Freunde etwas damit zu tun
dass du jetzt im Gefängnis sitzt?

Haben Sie dich angespornt, etwas zu tun
was ihren Vorstellungen entspricht
jedoch gar nicht deinen eigenen?

Haben sie dich herausgefordert, zu beweisen,
„dass du es auch kannst"?

Verfolgten sie Ziele, die eigentlich nicht deine
Ziele waren?

Denk lieber jetzt darüber nach,
bevor du in eine Clique zurückkehrst, die dir nicht gut tut.

NEUE FREUNDE FINDEN

Wenn du beschließen solltest,
neue Freunde zu suchen
wirst du vielleicht feststellen
dass gerade Männerfreundschaften nicht leicht sind.

Das kann an dir selber liegen, weil du
„gut dastehen willst“ vor dem anderen,
vielleicht „cool“ vielleicht „souverän“,
vielleicht „hart“.

Oder es liegt am anderen, der sich so verhält
und so nicht wirklich etwas von sich preisgibt.

Ein richtiger Freund akzeptiert einen jedoch
mit allen Stärken und Schwächen.

Eine wirkliche Freundschaft beginnt vielleicht mit
den Worten:
„Mir geht es gerade nicht so gut“,
und mit einem Gesprächspartner, der fragt:
"Was ist denn passiert?".

LEBENSTRAUM FAMILIE

Vielleicht hast du eine Dummheit gemacht,
weil du deinen Lebenstraum
eine Familie zu haben
verwirklichen oder schützen wolltest.

Aber es ist kein Naturgesetz,
dass alle Menschen die Möglichkeit haben
eine Familie zu gründen
oder dass eine Familie für alle die richtige Lebensform ist.

Man sieht zwar laufend im Fernsehen
„glückliche Familien“
aber das Fernsehen ist nicht das Leben
und wenn du geschichtlich vor den zweiten Weltkrieg
zurückblickst, wirst du feststellen,
dass bis zum Beginn des zwanzigsten Jahrhunderts
die meisten Menschen keine Familien gründen konnten.

Und genauso gibt es heute viele Menschen, die Single bleiben oder wieder werden, weil ihre Partner gestorben sind oder sich getrennt haben.

Es kann ein erleichternder Gedanke sein,
zu wissen, dass man, bloß weil im einundzwanzigsten
Jahrhundert lebt, keine Garantie auf eine eigene Familie hat.

Und es ist wichtig, sich zu überlegen, wie man auch ohne Partnerin ein schönes Leben planen kann:

Mit Freundschaften, einem interessanten Beruf und schönen Hobbys zum Beispiel.

ERSATZFAMILIE

War die Frau, die du so begehrt hast,
und mit der du eine Familie gründen wolltest
nicht ein Ersatz für eine Geborgenheit
die du als Kind nie gehabt hast?

Denn wenn es so gewesen wäre,
dann warst du abhängig von dieser Frau
und hast sie nicht aus freien Stücken geliebt.

In offenen Gesprächen – mit einem Berater
oder mit einem guten Freund
kannst du vielleicht den Schmerz über etwas loslassen
das dir als Kind gefehlt hast
und was du noch immer so ersehnst.

Es ist ok., eine große Sehnsucht zu haben.
Aber es ist nicht ok., einen anderen Menschen
zur Erfüllung dieser Sehnsucht zu zwingen.

DEIN KIND

Vielleicht bist du durch den Fehler
den du gemacht hast
jetzt von deinem Kind getrennt.

Das tut weh
und das weiß ich aus eigener Erfahrung.

Ein Gedanke, der dich trösten könnte ist:

Jedes Kind ist – ab dem Tag seiner Geburt –
auf einem Weg weg von seinen Eltern
hin zu seiner Selbständigkeit
und Eigenständigkeit.

Jedes Kind ist uns Eltern nur geborgt
und es wird auf jeden Fall früher oder später
seine eigenen Wege gehen.

Dein Kind trägt einiges von deinen Genen in sich
und kann diese Kraft nutzen
auch wenn es ihre Herkunft vielleicht nicht sofort erkennt.

Und wenn du befürchtest, dein Kind nie mehr wieder zu sehen
möchte ich dir sagen:

Menschen ändern sich
ihr Leben lang.

Und wenn jetzt jemand deinem Kind etwas schlechtes
über dich erzählt,
so kann es sich später auf die Suche
nach der Wahrheit machen.

Es kann schön sein,
wenn Kinder mit ihren eigenen Eltern zusammenleben,
es kann jedoch auch die Hölle sein.

Vielleicht weißt du das aus eigener Erfahrung.

DIESE LUST

Hast du diese Frau wirklich begehrt?
Warst du, als du vor ihr standest, wirklich sexuell erregt?

Oder waren davor
als du gar nicht in ihrer Nähe warst
hunderte Phantasien und Bilder mit ihr in deinem Kopf
mit Dingen, die du gerne mit ihr angestellt hättest?

Dann wäre deine Lust nur in deinem Kopf gewesen.

Und du wärest wütend gewesen,
dass deine Phantasien nicht Wirklichkeit werden.

Wie ein Kind, dass aufstampft
weil es die kleine Eisenbahn nicht bekommt
die es täglich in der Auslage des Spielzeuggeschäftes sieht.

Aber Kinder haben kein Anrecht darauf
alle Wünsche erfüllt zu bekommen.

Und du selbst bis ja bereits erwachsen.

WICHSER

Es gibt Worte
mit denen man fast jeden Mann
aus der Reserve locken kann.

Eines davon ist Wichser.

Das ist insoferne seltsam
als doch erwiesenermaßen alle Männer
sich ab und zu selbst befriedigen.

Wie kann also etwas, was alle tun
als lächerlich bezeichnet werden.

Denk drüber nach.

Und auch darüber,
dass du gelassen reagieren solltest
falls es in Zukunft jemand zu dir sagt.

MILLIONÄR SEIN

Wolltest du schon einmal Millionär sein?

Weil du dann alle Sorgen los wärst?
Weil du dann eine schöne Frau hättest?

Wie kommst du denn auf diese Ideen?

Kennst du denn selbst einen Millionär?
Sodass du ihn fragen könntest, ob er glücklich ist
und keine Sorgen mehr hat.

Und möchtest du von einer Frau wegen deines Geldes
bewundert werden?

Es gibt Wissenschafter, die „das Glück“
untersucht haben
und ebenso welche, die viele Millionäre befragt haben.

Und beide stellen fest:
„Glücklich“ macht das viele Geld nicht!

Es beruhigt manche – macht aber auch viele ängstlich.
Und im besten Fall kann man mit viel Geld
auch die Not anderer Menschen lindern.

BESCHEIDENHEIT

Was viele von uns Männern nicht gelernt haben
ist Bescheidenheit.

Zu sagen: Ich habe genug,
ich brauche nicht mehr.

Mut gehört natürlich dazu
sich so von anderen zu distanzieren,
die alle meinen:

Ein eigenes Haus – dass muss schon drin sein
oder ein neues Auto
(auch wenn der Bus gleich vor der Haustüre losfährt).
oder der jährliche Urlaub am Meer.

Viele Männer setzen Erfolg mit Geld gleich,
mit dem Vermögen, sich etwas leisten zu können.

Die Chance auf Zufriedenheit steigt jedoch
mit der Bescheidenheit.

Denn wer mit weniger auskommt
muss nicht so viel arbeiten
und hat mehr Freizeit
und die ist vielleicht der wahre Luxus.

REDEN IST GOLD

So mancher Mann denkt sich
„Mit diesen Sorgen muss ich alleine zurecht kommen“
Da kann mir wohl niemand helfen.
Und gefallen sich in einer
„einsamer Cowboy“-Szenerie
irgendwo am Lagerfeuer
ganz alleine.

Doch das wirkliche Leben ist kein Western.

Im richtigen Leben kommt man durch reden weiter.
Weil reden erleichtert,
weil man durch das Reden neue Perspektiven auf die eigene
Situation erhält
und so dazulernt.

Und sogar so mancher Job ist zustandegekommen,
weil jemand ehrlich gesagt hat:
„Ich habe Fehler gemacht, aber ich will ein neues
Leben beginnen. Dazu brauche ich diese Arbeit.“
anstatt betreten zu schweigen.

DAS IST MEIN BIER

Vielleicht hast auch du einen Fehler gemacht,
als zu viel Alkohol im Spiel war.

Alkohol wird vor allem uns Männern schmackhaft gemacht
auf Werbeplakaten, in denen „genießende Männer“
von Freunden und hübschen Frauen umgeben sind.

Lass dich davon nicht täuschen.

Frage dich stattdessen ehrlich
warum viele Männer nur mit Alkohol
ein Gefühl der Verbundenheit
und der Nähe herstellen können.

Ob es deshalb ist, weil wir Männer uns sonst nicht
getrauen, lustig zu sein, statt unsere „coole Maske“
zu tragen?

Oder ob es der einzige Weg ist, uns ein Schulterklopfen
zu erlauben, ohne die Angst, für schwul gehalten zu werden?

Oder ob es ein tiefer Durst ist nach Liebe und Anerkennung,
von dem wir niemanden erzählen
und ihn lieber ertränken?

DIE ANGST VOR HOMOSEXUALITÄT

Die Konkurrenz zwischen Männern,
das Gefälle zwischen den Mächtigen und den Dienern
funktioniert unter anderem deshalb,
weil es die Schwulenfeindlichkeit gibt.
und die Angst der Männer, sich gegenseitig zu berühren.

Denn wenn es sie nicht gäbe,
wenn Männer nicht die Angst hätten
für homosexuell gehalten zu werden
wenn sie offenes Interesse aneinander zeigen
dann würden sich die jene Männer, die einander
eingestehen, dass sie unter Unterdrückung leiden
schneller untereinander verbünden
um ungerechte Situationen gemeinsam zu verändern.

Aber es gibt diese Homophobie
und sie trennt die Männer
und hat schon so manches gemeinschaftliche Männerprojekt
im Keim erstickt.

AUS DER WUT LERNEN

Mit der eigenen Wut kann man auf dreierlei Art
umgehen.

Man kann sie laut und handgreiflich „loswerden“,
sich Luft verschaffen
und sich danach ärgern.

Man kann sie in sich hineinfressen
und krank oder süchtig werden

Man kann aber auch herausfinden,
was das eigene Bedürfnis hinter dieser Wut ist,
und versuchen, einen Weg zu finden
dieses Bedürfnis auf friedlichem Weg stillen.

Wer auf „den Reichen“ wütend ist,
möchte vielleicht selbst ein besseres Auskommen haben,
und kann versuchen, statt zu schimpfen,
eine besser bezahlte Arbeit zu bekommen.

Wer auf „den Berühmten“ wütend ist,
leidet vielleicht darunter, selbst zu wenig Anerkennung
zu bekommen
und kann versuchen, durch eine eigene Leistung zu einer
ganz persönlichen Anerkennung zu kommen.

SCHWUCHTEL

Männer, die gerne über Homosexuelle schimpfen
müssen sich die Frage gefallen lassen:
Wem tun Homosexuelle etwas zu leide?

Und wer diese Frage nicht beantworten kann,
sollte sich der Theorie befassen
dass man Personen hassen kann
die etwas verkörpern, was man sich selbst nicht
erlaubt:

Einmal weich zu sein,
anstatt immer den harten Typen zu markieren
einmal passiv zu sein
anstatt der Macher
einmal ausgelassen und ausgeflippt zu sein
anstatt immer beherrscht

Aber viele Männer schimpfen lieber weiter über
„Schwuchteln“ anstatt darüber nachzudenken
wie in unserer Gesellschaft Hass auch dort
entstehen kann
wo es offensichtlich keinerlei Probleme gibt.

Neurotische Gesellschaft nennt man das.

ICH HAB GERADE ZEIT

Wenn du draußen bist aus dem Knast
könnte es sein, dass es mit der Jobsuche
nicht ganz leicht wird
und du in der Warteschleife hängst.

Aber es gibt trotzdem eine Menge wichtiger Dinge
zu tun – zum Beispiel für den Umweltschutz
für kranke und behinderte Menschen
und für die Älteren -
als Ehrenamtlicher.

Von Männern habe ich dazu zwei unterschiedliche
Sätze gehört:
Der erste lautet: „Ich bin doch nicht blöd
und geh gratis arbeiten!“
Der zweite lautet: „Ich hab gerade Zeit -
wo kann ich mithelfen?“

Und jene Männer aus der zweiten Kategorie hatten oft
schneller einen Job:
Denn ihr Lebenslauf war nicht mehr so leer
und die nächste Firma erkannte:
Dieser Mann sagt nicht nur, dass er anpacken kann,
er hat es bereits bewiesen!

KREATIVITÄT

Wenn dir einmal die Zeit lang wird
ohne Job
oder ohne Freundin
dann ist ein kreatives Hobby Gold wert.

Es ist nie zu spät
zu malen oder zu zeichnen zu beginnen,
ein Instrument zu lernen,
ein paar Gedichte zu schreiben.

Vielleicht bist du auch als Bastler in einer Theatergruppe
gefragt, oder als Techniker in einer Band.

Kreative Hobbies können auch Menschen zusammen
bringen und Freundschaften begründen.

Und man kann oft auch aus Büchern oder aus Internet-Videos
erste Schritte lernen.

Ein kreatives Hobby kann einem niemand wegnehmen
auch nicht in der Pension.
Und manche verdienen später einmal sogar Geld damit.

FANG AN ZU GEHEN

Wenn du wieder draußen bist
und sich Dinge einzuschleichen drohen
die du eigentlich nicht einreißen lassen wolltest
dann geh einfach raus.

Raus aus der Wohnung, raus aus dem Zimmer,
raus aus dem Lokal.

Und lege den Weg, den du sonst mit dem Bus,
mit der U-Bahn oder mit dem Auto
zurücklegen würdest
zu Fuß zurück.

Zumindest einen Teil davon.

Du wirst sehen, wie sich die Gedanken
beim Gehen neu ordnen,
eine innere Ruhe einkehrt
und sich neue Pläne schmieden lassen.

Bleib nicht stehen in deinem früheren Trott.
Fang an zu gehen – buchstäblich.

WISSENSSCHÄTZE HEBEN

Ich kenne einige Männer
die große Hoffnungen in eine Ausbildung setzen
die ihnen einen besseren Job ermöglichen soll
und frustriert herumwarten
wenn das nicht sofort möglich ist.

Aber lernen kann jeder sofort
der in eine Bibliothek geht.

Dort stehen Bücher, aus denen man Programmieren
lernen kann, Buchhaltung und Webdesign,
und nicht selten gibt es Sprachlern-Bücher mit CDs
und vieles vieles mehr!

Und manche Leute sehen sich die Stundenpläne
der Universitäten an und setzen sich einfach
in die Hörsäle, wenn dort noch Plätze frei sind.

Auch im Internet wird in tausenden Expertenforum jedes nur
erdenkliche Thema erörtert: vom medizinischen Problem bis
zum Austausch einer Soundkarte im PC.

Wenn du einmal in einer ähnlichen Situation bist,
warte nicht ewig – hol dir jenes Wissen, das sofort
zu haben ist doch gleich!

DAS "AUSLÄNDERTHEMA"

Viele Männer haben eine Abneigung gegen
„Ausländer" entwickelt.
Aus unterschiedlichen Gründen.

Viele dieser Gründe sind dann nicht rational,
wenn man selbst noch nie in einer Konfliktsituation
mit Migranten war, sondern nur Hassparolen von
bestimmten Gruppierungen übernommen hat.

Wer erkennt, dass er selbst als Mitläufer einer solchen
Gruppierung zum „Ausländerfeind" geworden ist
und sich jetzt lieber eine eigene Meinung bilden will
muss versuchen, mit migrantischen Männern (und Frauen)
ins direkte Gespräch zu kommen
um herauszufinden, wie die Sichtweise „aus erster Hand"
von jenen ist, die in das eigene Land gekommen sind.

Denn fast niemand hat leichten Herzens sein Vaterland
verlassen – es gab fast immer gute Gründe.

Und wenn du dich über die mangelnden Sprachkenntnisse der „Zugereisten" ärgerst, nimm doch einmal ein Arabisch-Lehrbuch zur Hand und versuche dir vorzustellen, dass du in einer orientalischen Großstadt den richtigen Bus finden musst. Oder in China.

GLEICHBERECHTIGUNG

Ja ja, unter Männern ist es recht beliebt
über „die Emanzen“ zu schimpfen.

Aber was würdest du tun, wenn du in einem Land
leben würdest, in dem Männer rund ein Drittel weniger
verdienen als Frauen
und in dem fast alle Machtpositionen in Politik und Wirtschaft
ohne eine logische Erklärung von Frauen besetzt sind
und du das Gefühl bekommst
die spezifischen Sichtweisen der Männer
kommen in dieser Gesellschaft zu kurz?

Würdest du dich nicht mit ein paar Männern zusammentun
um zu besprechen, wie man diese Missstände beseitigen kann?

Viele Männer, die über „die Emanzen“ schimpfen,
schimpfen in Wirklichkeit über jene Frauen, mit denen sie in
Liebesbeziehungen Enttäuschungen erlebt haben.

Wer wirklich in einer gerechten Gesellschaft leben will,
kann nicht der einen Bevölkerungshälfte ihr Recht absprechen
sich gegen Ungerechtigkeiten im System zu engagieren.

Und ein wirklich selbstbewusster Mann kann eine „starke
Frau“, die für sich selbst eintritt, wohl neben sich akzeptieren.

INNERE RUHE

Vielleicht kennst du diese Männer
die ständig unter Strom zu stehen scheinen
mit den Fingern auf der Tischplatte trommeln
oder hektisch mit den Beinen wippen.

Dagegen kann es heilsam sein
einfach nichts zu tun
und kein schlechtes Gewissen dabei zu entwickeln
gloß weil uns Männern einmal gesagt wurde
wir dürften keine Faulpelze sein.

Wenn es gerade nichts zu tun gibt
ist es ok auf er Couch zu liegen
und in die Luft zu schauen.

Vor allem dann, wenn wir es schaffen
dabei nicht permanent rauchen oder etwas
trinken zu müssen.

Die innere Ruhe ist eine Kunst
die auch durch Meditation gefördert werden kann.
Vielleicht kannst du sie gerade dann brauchen
wenn du in eine Situation kommst
in der du Gefahr läufst, zum Wiederholungstäter zu werden.

SICH ÄNDERN

Vielleicht hast du Sätze gehört wie
„er hatte eine harte Kindheit“
oder „das verarbeitet man nicht so leicht“
doch die modernen Theorien der Psychologie
haben gezeigt:

Menschen können sich auch dann ändern,
wenn sie eine schwere Zeit hinter sich haben.

Und Menschen ändern sich fortlaufend
auch noch im hohen Alter.

Man kann sich also nicht ein Leben lang
auf seine Kindheit ausreden
und darauf, dass alles so festgefahren erscheint.

Man kann sich durchaus vornehmen
ein paar Dinge im Leben probeweise anders zu machen
und diese Änderungen nachher beurteilen.

Am besten geht das mit psychologischen Fachleuten
am schlechtesten mit „Freunden“, die einem sagen
„Das schaffst du nicht, mein Lieber“

SEXLOSE ZEITEN

Ich habe bereits vorher geschrieben
dass historisch gesehen
die meisten Menschen früher ohne eine eigene Familie
und vermutlich auch ohne Sexualität gelebt haben.

Wieviele Menschen in unserer Gesellschaft
ohne Sex leben ist nicht leicht herauszufinden
weil völlig unsicher ist, wie ehrlich Menschen
auf derart intime Fragen antworten.

Ganz klar ist jedoch, dass der Sexualität im
Fernsehen, in Zeitungen und im Internet
ein Stellenwert eingeräumt wird
der weit über dem realen Stellenwert liegt.

Denn wenn du dir überlegst,
dass die meisten Paare, die ein paar Jahre zusammen
sind, nur mehr rund eine halbe Stunde pro Woche
zusammen im Bett verbringen
dann erscheint es übertrieben
viel Sehnsucht nach etwas zu entwickeln
was für viele „glückliche Paare“ weniger als
ein Prozent ihrer Zeit einnimmt.

Hinter dem Wunsch nach Sex

stecken bei vielen Männern
ganz andere Themen

Einsamkeit zum Beispiel
Langeweile
oder die Tatsache
sich selbst jede andere Ekstase
zu verbieten
wie etwa wild zu tanzen
oder herumzuhüpfen.

Wenn du viel an Sex denkst
ohne selbst körperlich erregt zu sein
oder ohne ein reales Objekt der Begierde vor Augen zu haben
(etwa weil du dir selbst Lust machst)
versuche herauszufinden,
was noch dahinter stecken könnte
am besten auch hier wieder
mit der Hilfe psychologisch geschulter Fachleute.

DIE UMWELT UND DU

Männer haben zum Umweltschutz manchmal
ein ziemlich desinteressiertes Verhältnis.

Ihnen ist es egal, ob die Bierflasche im
Müll landet statt im Altglas
oder wo die Zigarettenkippe hinfällt.

Dieses Verhältnis spiegelt nicht selten
das Verhältnis der Männer zu sich selbst wieder
zum eigenen Körper
und zur eigenen Wohnung.

Wem es egal ist
wie gepflegt man ist
dem ist es auch egal
wie gepflegt die Umwelt ist

Doch dieses Desinteresse könnte sich rächen.

Mit dem Desinteresse jener Menschen
deren Interesse man eigentlich erwecken wollte.
In der Liebe, in der Freundschaft
oder in der Arbeitswelt.

Denn dort sind aufmerksame und gepflegte Menschen gefragt.

DEINE ELTERN

Wenn deine Eltern noch leben
oder ein Elternteil
dann kannst du die Zeit nach dem Gefängnis
vielleicht auch dazu nützen
die Beziehung zu ihnen zu verbessern
Dinge zu klären
oder überhaupt (nach langem)
wieder Kontakt aufzunehmen.

Vielleicht ist deine Beziehung zu ihnen zerrüttet.
Aber auch Eltern machen Fehler
weil sie manchmal mit einem Kind
überfordert sind.

Du hast nur zwei Möglichkeiten:

Entweder mit einem diffusen Groll durch
dein weiteres Leben zu rennen
oder dich zu entschließen, ihnen Fragen zu stellen wie:

Warum ist das damals passiert?
Wie lange ging das so?
Wie habt ihr euch damals gefühlt?

Antworten darauf können das Verzeihen erleichtern.

NEUGIERIG WERDEN

Der Schlüssel zum Herzen vieler Menschen
ist das Bekunden von Interesse an ihnen
durch simples Fragen.

Wenn du dich bisher als großen Reden-Schwinger
gesehen hast
als Geschichten- und Witzeerzähler
dann schalte mal einen Gang zurück
und beginne damit, Fragen zu stellen.

Wie geht es dir?
muss keine hohle Phrase sein
wenn man danach wirklich zuhört
oder weiterfragt
Was hast du seit dem letzten Mal gemacht?
Geht es dir im Job jetzt besser?
Und wie geht es deiner Familie?

Mit der männlichen Alleinunterhalter-Nummer
hat man zwar beim hochprozentigen Stammtisch
die Lacher auf seiner Seite,
aber nicht unbedingt die Freundschaften.

EINE NEUE CLIQUE FINDEN

Wenn du das Gefühl hast
der Kontakt zu manchen alten Freunden
könnte dich in Schwierigkeiten bringen
so wie es denn nun schon einmal
in dieser "schlechten Gesellschaft" passiert ist
dann musst du dir neue Freunde suchen.

Durch das Internet ist das heute gar nicht
so schwer.

In jeder Stadt gibt es eine Menge Menschen
die genauso auf der Suche sind
und die tun sich in Freizeitrunden,
Kino-Treffs oder Diskussionsrunden zusammen.

Du findest sie sicher, wenn du die Freizeitpartner
Kategorien im Internet durchsiehst
oder die Treffs auf großen Networking Plattformen
(zur Zeit als ich dieses Buch schreibe ist die größte davon
FACEBOOK und die meisten Treffen werden auf
GROOPS organisiert).

Wenn du dich dafür entscheidest
musst du dir nicht wie ein Exot vorkommen:

Viele Männer (und Frauen) übersiedeln heute aufgrund
ihres Berufes in eine neue Stadt
und mindestens ebenso viele verlieren aufgrund
einer Trennung oder Scheidung gleich ihren
ganzen Freundeskreis.

Wenn du also der Meinung warst
„ich schaff das alles alleine"
dann verabschiede dich ruhig von diesem Klischee.

Da draußen warten eine Menge netter Leute
und die gemeinsame Freizeit mit ihnen
macht nicht nur Spaß
sie kann dir auch zu einem Job verhelfen -
und zu nachbarschaftlicher Hilfe
wenn du einmal etwas brauchst.

MIGRANTISCHE MÄNNLICHKEIT

Ich habe früher über Ausländerfeindlichkeit geschrieben.

Falls du jedoch selbst ein Mann bist
der aus einem anderen Land zu uns gekommen ist
fände ich es wichtig
dass du dich fragst
ob das Männerbild in deinem Herkunftsland
deine kriminelle Tat begünstigt hat.

Es gibt Länder auf dieser Welt
in denen eine recht brutale Männlichkeit
akzeptiert wird.

Hier in Mitteleuropa hat sich ein eher friedliches
Männlichkeitsideal durchgesetzt
und dieser friedliche Umgang
wird auch durch einen hohen Lebensstandard belohnt
der hier eintreten kann
weil hier weniger zerstört wird.

Wenn du hier Unterschiede erkennst
solltest du dich an der friedlichen Männlichkeit orientieren
wenn das Land in dem du jetzt bist
dir attraktiver vorkommt als das Land aus dem du kommst.

EIN EIGENES PROJEKT VERFOLGEN

Ich habe hier schon ein paarmal anklingen lassen
dass es nach dem Gefängnis schwierig werden könnte
einen Job zu finden.

Falls das zutrifft
möchte ich dich ermutigen
auch eine eigene Unternehmens-Idee zu entwickeln
mit der du eventuell einmal Geld verdienen könntest.

Für viele Business-Ideen braucht man nämlich heute
kein Kapital mehr, sondern nur mehr eine Homepage
und ein Telefon (zum Beispiel um Hunde-Sitter zu werden
oder Single-Treffs zu organisieren).

Das Argument „für eine eigene Firma fehlt mir das Geld"
trifft im Zeitalter der Dienstleistungen (zum Beispiel nachts
Getränke für Parties ausliefern – oder Kondome) immer
weniger zu.

Wenn dich dieses Thema interessiert, dann mach dir jetzt
schon, in der Zeit der Haft Gedanken,
welche Services es derzeit noch nicht gibt
die aber vielleicht dringend nötig wären.

Durch Gespräche mit deinen Mithäftlingen

oder durch aufmerksames Verfolgen von TV Reportagen.

Denn manches was es im Ausland gibt
gibt es bei uns noch nicht
und wartet nur darauf
bei uns eingeführt zu werden.

PORNOGRAPHIE

Fast sicher bist du mit Pornos konfrontiert
speziell wenn du jetzt keinen Sex haben kannst.

Aber Pornos sind tückisch
sie zeigen zunehmend Dinge
die es im „normalen“ Sex zwischen Frauen und Männern
nicht gibt
und sie zeigen immer öfter Dinge
die Frauen offensichtlich unangenehm sind.

Wer Pornos kritisch ansieht merkt
hier geht es sehr oft um die Erniedrigung von Frauen
und hier werden Wünsche nach sexuellen Praktiken provoziert
die „mann“ noch nie hatte, bevor man Pornos sah.

Und obwohl man sich Pornos angewöhnen kann
sollte ein Mann sich nicht von ihnen manipulieren lassen.

Was du noch nie mit einer Frau erlebt hast
und in diesen Filmen siehst
ist ein Märchen für Männer
und du kannst mithelfen diese Märchen
zu entlarven
indem du das Thema einmal mit anderen Männern diskutierst.

Vielleicht ist gerade das Gefängnis ein guter Ort dafür, weil sich hier Männer ungestört von Frauen unterhalten können.

DESPERADO OUTFIT

Wenn du dir ein Selbstbild zugelegt hast
das mit einem „Desperado“ viel zu tun hat
mit einem Einzelgänger
und mit jemandem
der ein wenig anders ist als all die anderen
und du das auch durch sein Outfit zeigst:

Durch einen Bart
durch lange Haare
durch eine Lederkluft
oder andere Symbole einer „harten Männlichkeit“
dann sei dir bewusst
dass du mit einem solchen Outfit manche Menschen
auf Distanz halten könntest,
die dir eigentlich wohlgesonnen wären
wenn du weniger unnahbar gestylt wärst.

Durch eine Rasur
durch einen neuen Haarschnitt
durch „normale“ Kleidung
könnten viel mehr Menschen auf dich zugehen
als zuvor, als du diese „ich bin ein starker Einzelgänger“
Botschaft gut sichtbar vor dich hergetragen hast.

Probier es einfach einmal aus.

Die Haare und der Bart wachsen ja nach
und die Lederkluft musst du ja nicht wegwerfen.

Und lass dir das Lied „Desperado“
von den Eagles einmal übersetzen ...

„IST WEH TUN LUSTIG?“

Vieles was heute auf den TV-Bildschirmen
zu sehen ist
kann der Rubrik „Wehtun ist lustig“
zugeordnet werden.

Das beginnt bei „Tom and Jerry“
und endet bei so mancher
amerikanischen Nachmittags-Serie
bei der schon mal jemand gemobbt und verprügelt wird
und die anderen es lustig finden.

Und in so manchem „Action Thriller“
sterben „beiläufig“ ein Duzend Menschen,
weil die Verfolgungsjagd des Helden gerade wichtiger ist.

Falls Du solche „Wehtun ist lustig“
Szenen selbst „irgendwie cool“ findest
hoffe ich stark
dass du unterscheiden kannst
was aus Hollywood kommt
(und aus einem der gewalttätigsten Länder der Welt)
und was in unserer wirklichen Welt
wirklich weh tut
und absolut nicht lustig ist.

REDEN LERNEN

Falls dich der Leitspruch
„das schaffe ich schon alleine"
oder
„da muss ich alleine durch"
bisher daran gehindert hat
andere um Hilfe zu fragen
dann möchte ich dich dazu motivieren
es in Zukunft anders zu machen.

Lerne wieder zu reden
es auszudiskutieren
um Unterstützung zu bitten
und Unterstützung anzubieten.

Kein Mensch ist eine Insel
auch wenn viele Männer das glauben
die zu oft "Robinson Crusoe" gelesen haben.

NOCH EIN PHILOSOPHISCHER GEDANKE

Wenn du ein Mann bist
der den Dingen wirklich gerne auf den Grund geht
der schon auch mal länger über Dinge nachdenkt
dann lass dir sagen:

„Männliches Verhalten“ ist wahrscheinlich heute nur mehr ein Klischee.

In TV Reportagen aus der ganzen Welt
auf Videos im Internet
sehen wir, dass sich Männer
auf unterschiedlichen Kontinenten
oft recht unterschiedlich verhalten.

Es gibt kein „natürliches Gesetz“ mehr
wie sich Männer „unbedingt“ verhalten müssen
(aber natürlich gibt es in jedem Land einige Rahmenbedingungen).

Hier in Mitteleuropa leben wir bereits in einer Gesellschaft
in der Männer ihr leben recht unterschiedlich gestalten können
sich selbst recht unterschiedlich kleiden und stylen können
und auch ungewöhnliche Verhaltensweisen werden meist toleriert.

Manche Männer sind durch diese „Vielfalt der Männlichkeit“
verunsichert oder besorgt.

Aber dazu besteht kein Grund.
Ganz im Gegenteil.

Du selbst kannst Nutznießer jener Freiheit sein,
die auch dir als Mann ermöglicht
dein Leben ganz individuell zu gestalten.

Denn dass du ein „richtiger Mann“ bist
weißt du sowieso
wenn du dich nackt vor den Spiegel stellst.

Verlier dich also nicht
in der „harten“, in der „coolen“ oder in der
„kaltblütigen“ Männlichkeit
die vielleicht mit schuld an deiner jetzigen Situation ist.

Es gibt so viele andere Möglichkeiten
eine friedliche Männlichkeit zu leben.

Ich wünsche dir dazu viel Mut und viel Kraft!

DAS THEMA KRIMINALITÄT ZU DEINEM THEMA MACHEN

Vielleicht hast du von Menschen gehört
die aufgrund eines Vorfalles ihre Berufung gefunden haben.
Etwa dass ein Vater eines behinderten Kindes
eine Behindertenorganisation gegründet hat.

Wenn du zu dem Entschluss kommen solltest
dass andere deinen Fehler nicht wiederholen sollten
dann mach die Kriminalität zu deinem Thema:

Indem du nach deiner Haft den Kontakt suchst zu
Kriminalpräventions-Einrichtungen,
zu Anti Gewalt Initiativen*) oder ähnlichem
um anderen Menschen aus deiner eigenen Erfahrung
zu erzählen, welche Fehler man nicht machen sollte.

Ich bin der festen Überzeugung
dass man durch Engagement Menschen zum
Nachdenken bringen kann
und die Welt ein wenig verändern kann.

Sonst hätte ich nicht dieses Buch geschrieben.

*) z.B. der Verein WHITE RIBBON

Klappentext

„Was hat das Mannsein mit Kriminalität zu tun?" fragt der Autor. Und regt in einer Reihe von kurzen, prägnanten Texten dazu an, über diese Zusammenhänge nachzudenken – und eine „friedliches Männlichkeitsideal" zu entwickeln, mit dem ein Neuanfang nach der Haft besser möglich wird als mit dem Festhalten an zerstörerischen Männlichkeitsklischees.

Ein Buch, das gerne in Gefängnisse geschickt wird - und das sich auch in der Bewährungshilfe als Anregung zum Abbau destruktiver Verhaltensweisen gut eignet.

www.ingramcontent.com/pod-product-compliance
Ingram Content Group UK Ltd.
Pitfield, Milton Keynes, MK11 3LW, UK
UKHW041838200726
13854UKWH00003BA/1196